Impressum
Verlag: BABADADA GmbH, Nedderfeld 112 , 22529 Hamburg
Geschäftsführer / Verlagsleitung: Harald Hof
Druck: Books on Demand GmbH, In de Tarpen 42, 22848 Norderstedt

Imprint
Publisher: BABADADA GmbH, Nedderfeld 112 , 22529 Hamburg, Germany
Managing Director / Publishing direction: Harald Hof
Print: Books on Demand GmbH, In de Tarpen 42, 22848 Norderstedt, Germany

სკოლა
Szkoła

Sala lekcyjna
გაყოფა
dzielić
186/2
დაფა
Tablica
სკოლის ეზო
Dziedziniec szkolny
მასწავლებელი
Nauczyciel
ქაღალდი
Papier
წერა
pisać
კალამი
Pisak
მაგიდა
Biurko
სახაზავი
Liniał
წიგნი
Książka
მოსწავლე
Uczeń

ზურგჩანთა

Plecak szkolny

პენალი

Piórnik

ფანქარი

Ołówek

ფანქრების სათლელი

Temperówka

საშლელი

Gumka do mazania

ნახატების ალბომი

Blok rysunkowy

2 სკოლა - Szkoła

ნახატი

Rysunek

ფუნჯი

Pędzel

სალებავის ყუთი

Pudełko z akwarelami

მაკრატელი

Nożyce

წებო

Klej

სავარჯიშო რვეული

Książka do ćwiczenia

საშინაო დავალება

Zadanie domowe

12

ნომერი

Liczba

2+2

დამატება

dodawać

5-2

გამოკლება

odejmować

2×2

გამრავლება

mnożyć

გამოთვლა

liczyć

A

წერილი

Litera

ABCDEFG
HIJKLMN
OPQRSTU
VWXYZ

ანბანი

Alfabet

hello

სიტყვა

Słowo

ტექსტი

Tekst

წაკითხვა

czytać

ცარცი

Kreda

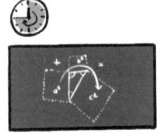

გაკვეთილი

Godzina

რეგისტრაცია

Dziennik lekcyjny

გამოცდა

Egzamin

სერტიფიკატი

Świadectwo

სკოლის ფორმა

Mundurek szkolny

განათლება

Wykształcenie

ენციკლოპედია

Leksykon

უნივერსიტეტი

Uniwersytet

მიკროსკოპი

Mikroskop

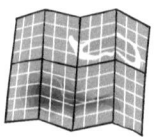

რუქა

Mapa

კალათა ნარჩენი ქაღალდებისათვის

Kosz na odpadki

მოგზაურობა
Podróż

სასტუმრო
Hotel
ჰოსტელი
Schronisko
ვალუტის გადაცვლის პუნქტი
Kantor wymiany walut
ჩემოდანი
Walizka
მანქანა
Auto

ენა

Język

კი / არა

tak / nie

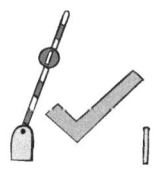

კარგი

OK

გამარჯობა

Halo

მთარგმნელი

Tłumacz

გმადლობთ

Dziękuję

რა ღირს... ?

Ile kosztuje ...?

ვერ გავიგე

Nie rozumiem

პრობლემა

Problem

აღამო მშვიდობისა!

Dobry wieczór!

დილა მშვიდობისა!

Dzień dobry!

ღამე მშვიდობისა!

Dobranoc!

ნახვამდის

Do widzenia

მიმართულება

Kierunek

ბარგი

Bagaż

ჩანთა

Torba

ზურგჩანთა

Plecak

სტუმარი

Gość

ოთახი

Pokój

საძილე ტომარა

Śpiwór

კარავი

Namiot

ტურისტული ინფორმაცია

Informacja turystyczna

სანაპირო

Plaża

საკრედიტო ბარათი

Karta kredytowa

საუზმე

Śniadanie

ლანჩი

Obiad

ვახშამი

Kolacja

ბილეთი

Bilet

ლიფტი

Winda

საფოსტო მარკა

Znaczek na list

საზღვარი

Granica

საბაჟო

Cło

საელჩო

Ambasada

ვიზა

Wiza

პასპორტი

Paszport

ტრანსპორტი
Transport

თვითმფრინავი
Samolot
გემი
Statek
სახანძრო მანქანა
Pojazd straży pożarnej
ავტობუსი
Autobus
სატვირთო მანქანა
Samochód ciężarowy
მოტორიზებული ნავი
Łódź motorowa
ველოსიპედი
Rower
მანქანა
Auto

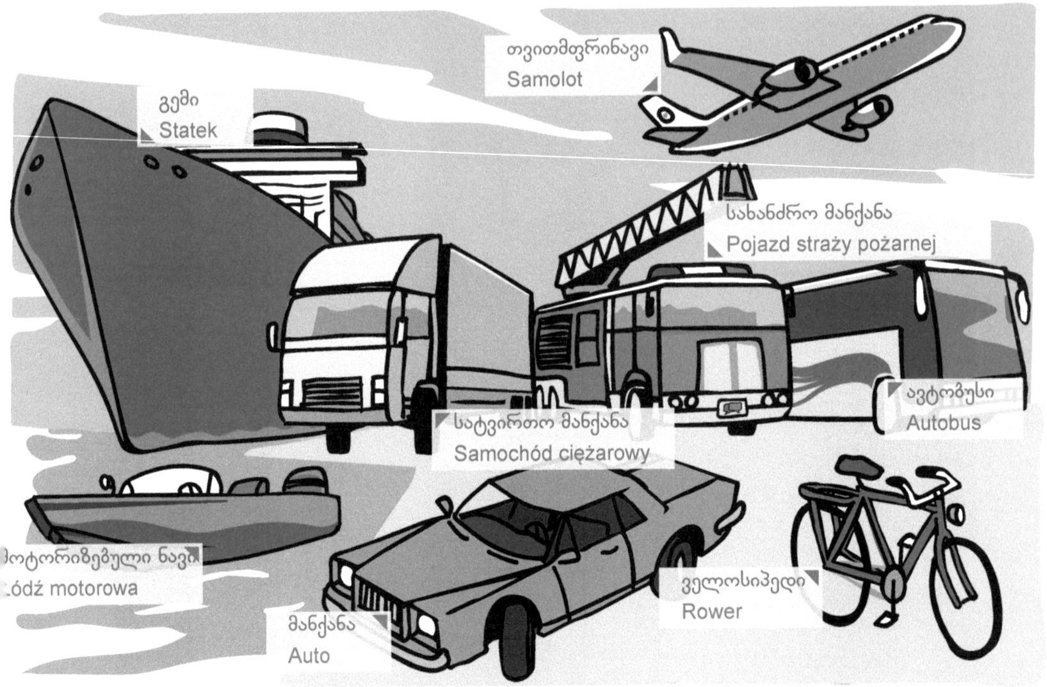

ბორანი

Prom

ნავი

Łódź

მოტოციკლი

Motocykl

პოლიციის მანქანა

Radiowóz policyjny

სარბოლო მანქანა

Samochód wyścigowy

დაქირავებული მანქანა

Samochód wypożyczony

მანქანის ერთობლივი
მოხმარება
Wspólne przejazdy
samochodem

საბუქსირე მანქანა
Samochód pomocy
drogowej

ნაგვის მანქანა
Śmieciarka

ძრავა
Silnik

საწვავი
Benzyna

ბენზინგასამართი სადგური
Stacja benzynowa

საგზაო ნიშანი
Znak drogowy

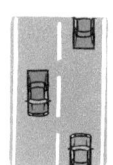

მოძრაობა
Ruch

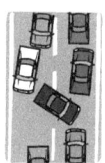

საცობი
Korek

მანქანის სადგომი
Parking

მატარებლის სადგური
Dworzec

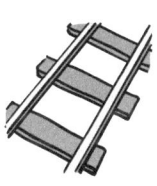

ლიანდაგები
Szyny

მატარებელი
Pociąg

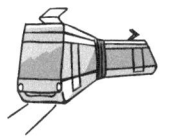

ტრამვაი
Tramwaj

ვაგონი
Wagon

ვერტმფრენი

Helikopter

აეროპორტი

Lotnisko

კოშკი

Wieża

მგზავრი

Pasażer

კონტეინერი

Kontener

მუყაოს ყუთი

Karton

ურიკა

Taczka

კალათა

Kosz

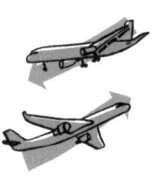

აფრენა / დაშვება

startować / lądować

ქალაქი

Miasto

სოფელი

Wieś

ქალაქის ცენტრი

Centrum miasta

სახლი

Dom

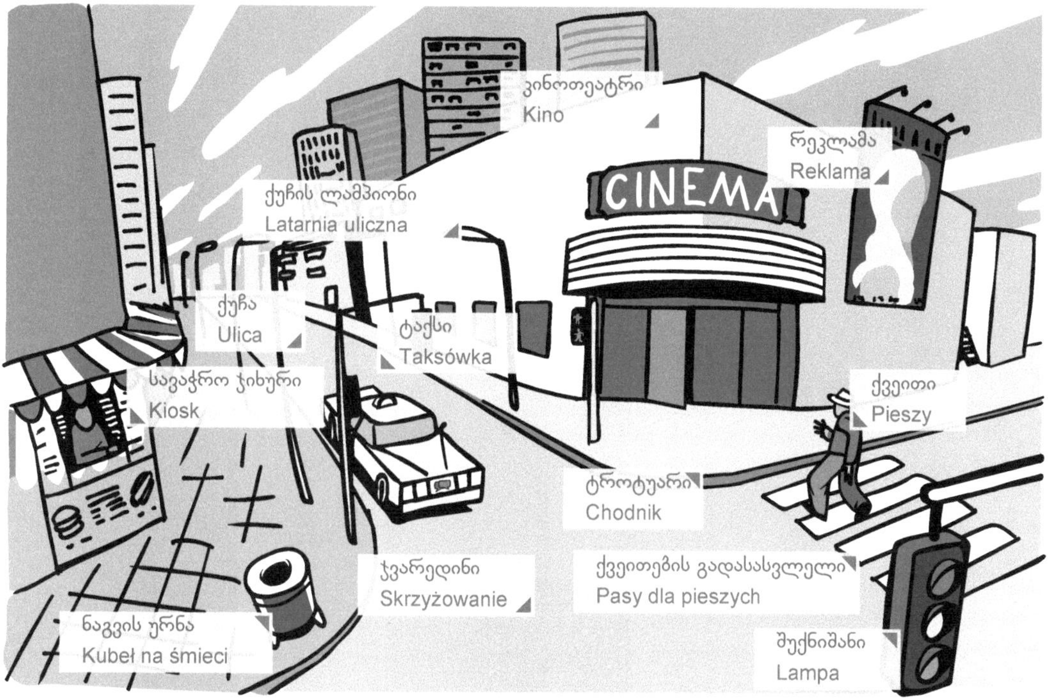

კინოთეატრი
Kino
რეკლამა
Reklama
CINEMA
ქუჩის ლამპიონი
Latarnia uliczna
ქუჩა
Ulica
ტაქსი
Taksówka
სავაჭრო ჯიხური
Kiosk
ქვეითი
Pieszy
ტროტუარი
Chodnik
ჯვარედინი
Skrzyżowanie
ქვეითების გადასასვლელი
Pasy dla pieszych
ნაგვის ურნა
Kubeł na śmieci
შუქნიშანი
Lampa

ქოხი

Chata

ბინა

Mieszkanie

მატარებლის სადგური

Dworzec

მუნიციპალიტეტი

Ratusz

მუზეუმი

Muzeum

სკოლა

Szkoła

უნივერსიტეტი

Uniwersytet

ბანკი

Bank

საავადმყოფო

Szpital

სასტუმრო

Hotel

აფთიაქი

Apteka

ოფისი

Biuro

წიგნების მაღაზია

Księgarnia

მაღაზია

Sklep

ფლორისტი

Kwiaciarnia

სუპერმარკეტი

Supermarket

ბაზარი

Rynek

მაღაზიის განყოფილება

Dom towarowy

თევზის გამყიდველი

Sklep z rybami

სავაჭრო ცენტრი

Centrum handlowe

ნავსადგომი

Port

პარკი

Park

გრძელი სკამი

Ławka

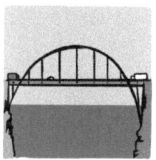

ხიდი

Most

კიბეები

Schody

მიწისქვეშა გადასასვლელი

Metro

გვირაბი

Tunel

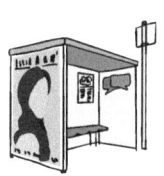

ავტობუსის გაჩერება

Przystanek autobusowy

ბარი

Bar

რესტორანი

Restauracja

საფოსტო ყუთი

Skrzynka na listy

ქუჩის ნიშანი

Tabliczka z nazwą ulicy

პარკინგის საზომი

Parkometr

ზოოპარკი

Zoo

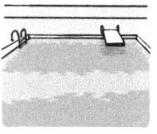

საცურაო აუზი

Łaźnia

მეჩეთი

Meczet

ფერმა

Gospodarstwo chłopskie

გარემოს დაბინძურება

Zanieczyszczenie środowiska

სასაფლაო

Cmentarz

ეკლესია

Kościół

საბავშვო მოედანი

Plac zabaw

ტაძარი

Świątynia

ლანდშაფტი
Krajobraz

ფოთოლი
Liść
გზის მანიშნებელი ნიშანი
Drogowskaz
გზა
Droga
მდელო
Łąka
ქვა
Kamień
ხე
Drzewo
მოგზაური
Wędrowiec
მდინარე
Rzeka
ბალახი
Trawa
ყვავილი
Kwiat

ხეობა
Dolina

გორაკი
Góra

ტბა
Jezioro

ტყე
Las

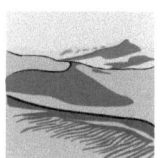

უდაბნო
Pustynia

ვულკანი
Wulkan

ციხე
Zamek

ცისარტყელა
Tęcza

სოკო
Grzyb

პალმა
Palma

კოღო
Komar

ბუზი
Mucha

ჭიანჭველა
Mrówka

ფუტკარი
Pszczoła

ობობა
Pająk

ხოჭო

Chrząszcz

ბაყაყი

Żaba

ციყვი

Wiewiórka

ზღარბი

Jeż

კურდღელი

Zając

ბუ

Sowa

ფრინველი

Ptak

გედი

Łabędź

ტახი

Dzik

ირემი

Jeleń

ცხენ-ირემი

Łoś

კაშხალი

Tama

ქარის ტურბინა

Wiatrak

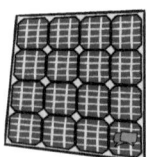

მზის ბატარეა

Moduł solarny

კლიმატი

Klimat

რესტორანი

Restauracja

მიმტანი
Kelner
მენიუ
Menu
სკამი
Krzesło
სუპი
Zupa
პიცა
Pizza
მაგიდაზე გადასაფარებელი
Obrus
დანა-ჩანგალი
Sztućce

საუზმე

Przystawka

მთავარი კერძი

Danie główne

დესერტი

Deser

დასალევი

Napoje

საჭმელი

Jedzenie

ბოთლი

Butelka

სწრაფი კვება

Fastfood

ქუჩის საჭმელი

Streetfood

ჩაიდანი

Dzbanek na herbatę

საშაქრე

Cukierniczka

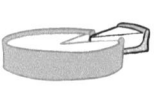

პორცია

Porcja

ესპრესოს მანქანა

Zaparzarka do espresso

მაღალი სკამი

Krzesło dla dziecka

ანგარიში

Rachunek

ლანგარი

Taca

დანა

Noż

ჩანგალი

Widelec

კოვზი

Łyżka

ჩაის კოვზი

Łyżeczka

ხელსახოცი

Serwetka

ჭიქა

Szklanka

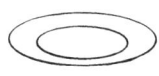

თეფში

Talerz

სუპის თეფში

Talerz do zupy

ჩაის ლამბაქი

Podstawek pod filiżankę

საწებელი

Sos

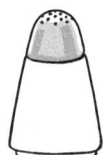

სამარილე

Solniczka

წიწაკის საფქვავი

Młynek do pieprzu

ძმარი

Ocet

ზეთი

Olej

სანელებლები

Przyprawy

კეტჩუპი

Keczup

მდოგვი

Musztarda

მაიონეზი

Majonez

სუპერმარკეტი
Supermarket

სპეციალური შეთავაზება
Oferta
FOR
მომხმარებელი
Klient
რძის ნაწარმი
Produkty mleczne
ხილი
Owoce
ურიკა
Wózek sklepowy

საყასბო

Rzeźnia

საცხობი

Piekarnia

აწონვა

ważyć

ბოსტნეული

Warzywa

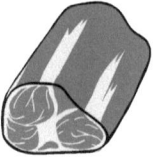

ხორცი

Mięso

გაყინული საკვები

Mrożonki

გრილი ხორცი

Wędliny

კონსერვები

Konserwy

სარეცხი ფხვნილი

Proszek m do prania

ტკბილეული

Słodycze

საყოფაცხოვრებო პროდუქტები

Artykuły użytku domowego

სარეცხი საშუალებები

Środek czyszczący

გამყიდველი

Sprzedawczyni

სალარო

Kasa

მოლარე

Kasjer

საყიდლების სია

Lista zakupów

მუშაობის საათები

Godziny otwarcia

პორტმანი

Portfel

საკრედიტო ბარათი

Karta kredytowa

ჩანთა

Torba

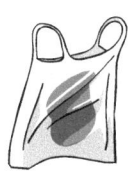

პლასტიკური პარკი

Torebka plastikowa

დასალევი
Napoje

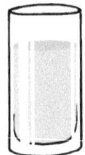

წყალი

Woda

წვენი

Sok

რძე

Mleko

კოკა-კოლა

Cola

ღვინო

Wino

ლუდი

Piwo

ალკოჰოლი

Alkohol

კაკაო

Kakao

ჩაი

Herbata

ყავა

Kawa

ესპრესო

Espresso

კაპუჩინო

Cappuccino

ბანანი

Banan

ვაშლი

Jabłko

ფორთოხალი

Pomarańcza

საზამთრო

Arbuz

ლიმონი

Cytryna

სტაფილო

Marchew

ნიორი

Czosnek

ბამბუკი

Bambus

ხახვი

Cebula

სოკო

Grzyb

კაკალი

Orzechy

ატრია

Makaron

სპაგეტი
Spaghetti

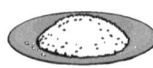

ბრინჯი
Ryż

სალათი
Sałatka

ჩიპსები
Frytki

შემწვარი კარტოფილი
Ziemniaki pieczone

პიცა
Pizza

ჰამბურგერი
Hamburger

სენდვიჩი
Kanapka

კოტლეტი
Sznycel

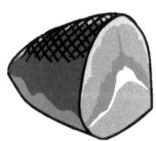

ლორი
Szynka

სალიამი
Salami

ძეხვი
Kiełbasa

წიწილა
Kura

შემწვარი ხორცი
Pieczeń

თევზი
Ryba

შვრიის ფაფა

Płatki owsiane

მუსლი

Musli

სიმინდის ფანტელები

Płatki kukurydziane

ფქვილი

Mąka

კრუასანი

Croissant

ბულკი

Bułka

პური

Chleb

ტოსტი

Toast

ნამცხვრები

Ciastka

კარაქი

Masło

ხაჭო

Twarożek

ტორტი

Ciasto

კვერცხი

Jajko

ერბო-კვერცხი

Jajko sadzone

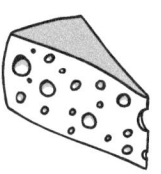

ყველი

Ser

ნაყინი

Lody

შაქარი

Cukier

თაფლი

Miód

ჯემი

Marmolada

შოკოლადის კრემი

Krem nugatowy

კარი

Curry

ფერმა
Gospodarstwo chłopskie

სოფლის სახლი
Dom rolnika
თავლა
Stodoła
ჩალის შეკვრა
Baloty słomy
ყანა
Pole
ცხენი
Koń
მისაბმელი
Przyczepa
ტრაქტორი
Traktor
კვიცი
Źrebię
ვირი
Osioł
ცხვარი
Owca
ცხვარი
Jagnię

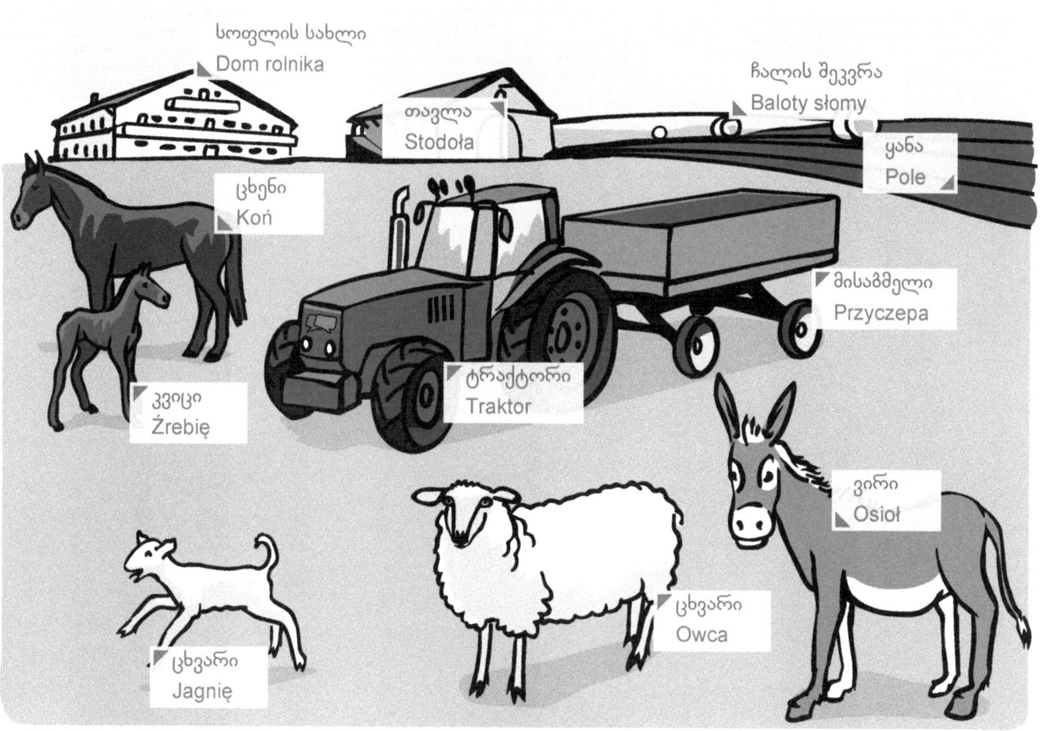

თხა

Koza

ძროხა

Krowa

ხბო

Cielę

ღორი

Świnia

გოჭი

Prosię

ხარი

Byk

ბატი

Gęś

იხვი

Kaczka

წიწილა

Kurczątko

ქათამი

Kura

მამალი

Kogut

ვირთხა

Szczur

კატა

Kot

თაგვი

Mysz

ხარი

Osioł

ძაღლი

Pies

საძაღლე

Buda dla psa

ბაღის შლანგი

Wąż ogrodowy

საბაღე წურწურა

Konewka

ცელი

Kosa

გუთანი

Pług

ნამგალი

Sierp

თოხი

Graca

პატივის სახვეტი ჩანგალი

Widły

ცული

Siekiera

მაზიდი

Taczka

გობი

Koryto

რძის ბიდონი

Kanka na mleko

ტომარა

Worek

ღობე

Płot

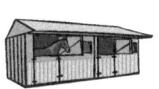

ბოსელი

Stajnia

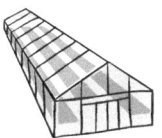

სათბური

Szklarnia

ნიადაგი

Ziemia

თესლი

Nasiona

სასუქი

Nawóz

მოსავლის ამღები კომბაინი

Kombajn zbożowy

მოსავლის აღება
zbierać

მოსავალი
Żniwa

იამი
Podchrzyn

ხორბალი
Pszenica

სოიო
Soja

კარტოფილი
Ziemniak

სიმინდი
Kukurydza

სარეველას თესლი
Rzepak

ხეხილი
Drzewo owocowe

მანიოკი
Maniok

მარცვლეული
Zboże

ფერმა - Gospodarstwo chłopskie

სახლი

Dom

გუხარი
Komin
სახურავი
Dach
წყალსადინარი მილი
Rynna deszczowa
ფანჯარა
Okno
ავტოფარეხი
Garaż
კარის ზარი
Dzwonek
კარი
Drzwi
ნაგვის ყუთი
Wiaderko na śmieci
საფოსტო ყუთი
Skrzynka na listy
ბაღი
Ogród

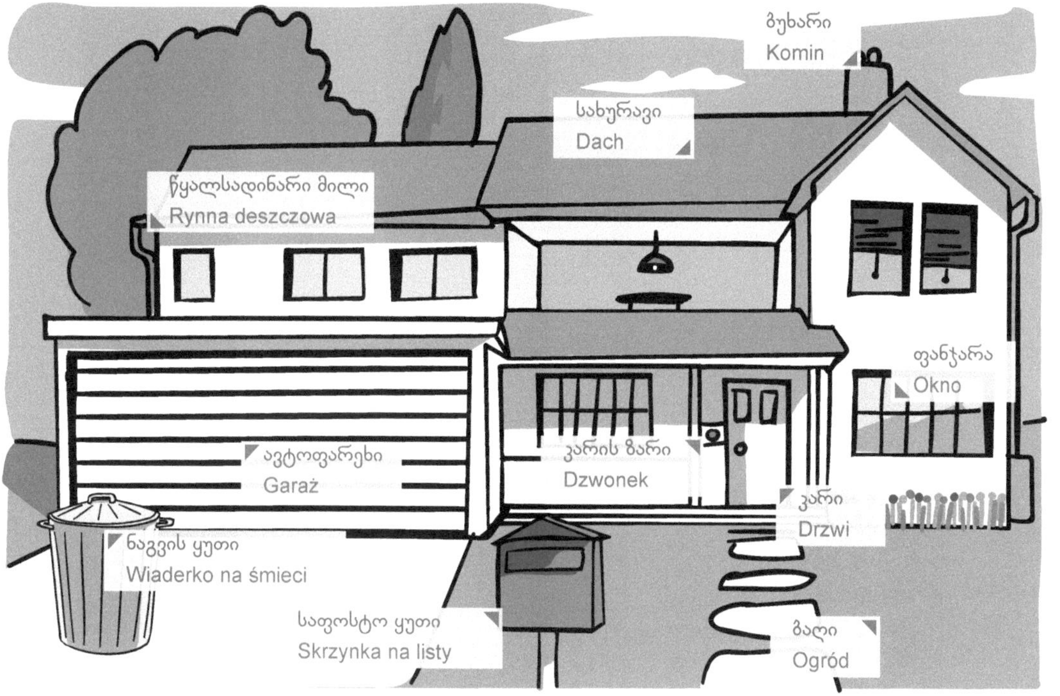

მისაღები ოთახი

Pokój dzienny

აბაზანა

Łazienka

სამზარეულო

Kuchnia

საძინებელი

Sypialnia

საბავშვო ოთახი

Pokój dziecięcy

სასადილო ოთახი

Jadalnia

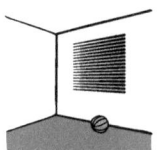

სართული

Ziemia

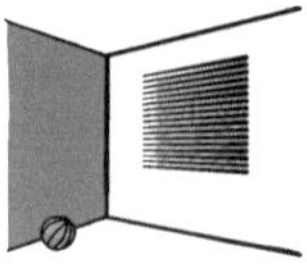

კედელი

Ściana

ჭერი

Koc

სარდაფი

Piwnica

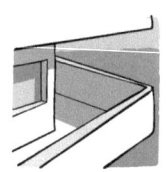

საუნა

Sauna

აივანი

Balkon

ტერასა

Taras

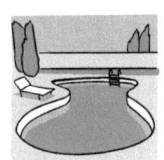

აუზი

Basen

გაზონის საკრეჭი

Kosiarka do trawy

საბნის კონვერტი

Poszwa

საწოლი

Kołdra

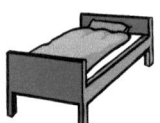

ლოგინი

Łóżko

ცოცხი

Miotła

სათლი

Wiadro

გადამრთველი

Włącznik

მისაღები ოთახი

Pokój dzienny

შპალერი
Tapeta
ნახატი
Obraz
ნათურა
Lampa
თარო
Regał
კარადა
Szafa
ტელევიზორი
Telewizor
ბუხარი
Komin
ყვავილი
Kwiat
ბალიში
Poduszka
დივანი
Kanapa
ვაზა
Wazon
დისტანციური მართვა
Pilot

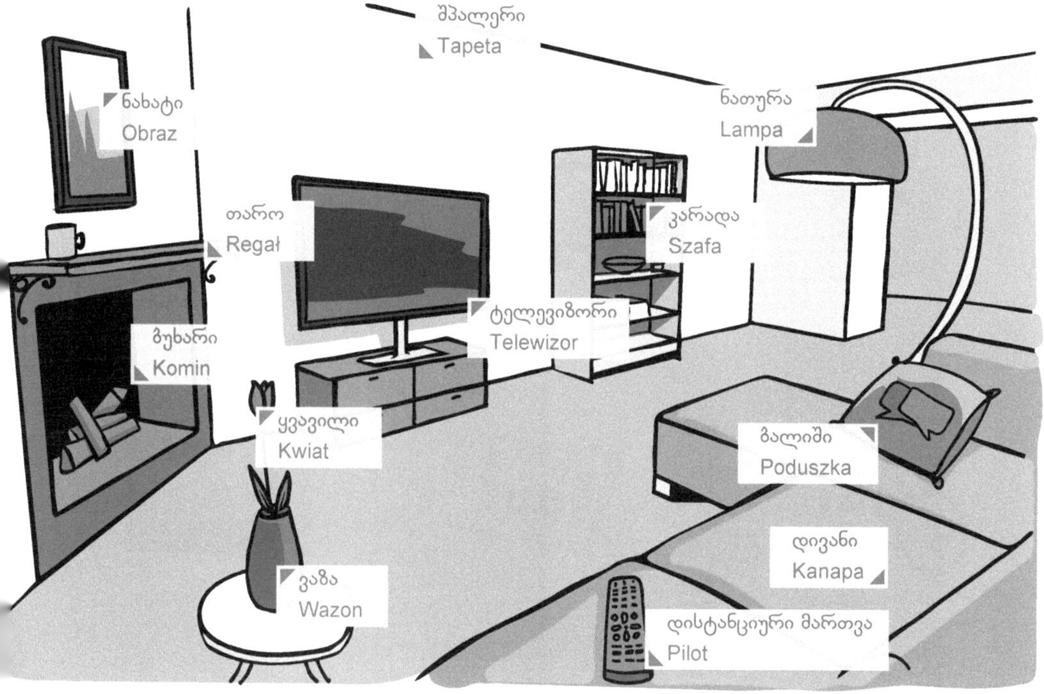

ხალიჩა

Dywan

ფარდა

Zasłona

მაგიდა

Stół

სკამი

Krzesło

სარწეველა სკამი

Bujak

სავარძელი

Fotel

წიგნი

Książka

საბანი

Sufit

დეკორაცია

Dekoracja

შეშა

Drewno kominkowe

ფილმი

Film

hi-fi მოწყობილობები

Instalacja stereo

გასაღები

Klucz

გაზეთი

Gazeta

ფერწერა

Malunek

პლაკატი

Plakat

რადიო

Radio

ბლოკნოტი

Notatnik

მტვერსასრუტი

Odkurzacz

კაქტუსი

Kaktus

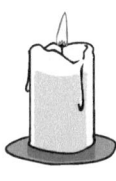

სანთელი

Świeczka

სამზარეულო
Kuchnia

მაცივარი
Lodówka
მიკრო-ტალღური ღუმელი
Kuchenka mikrofalowa
სამზარეულოს სასწორი
Waga kuchenna
ტოსტერი
Toster
სარეცხი საშუალება
Środek czyszczący
ღუმელი
Piekarnik
საყინულე
Przegródka zamrażalnika
ნაგვის ყუთი
Wiaderko na śmieci
ჭურჭლის სარეცხი მანქანა
Zmywarka do naczyń

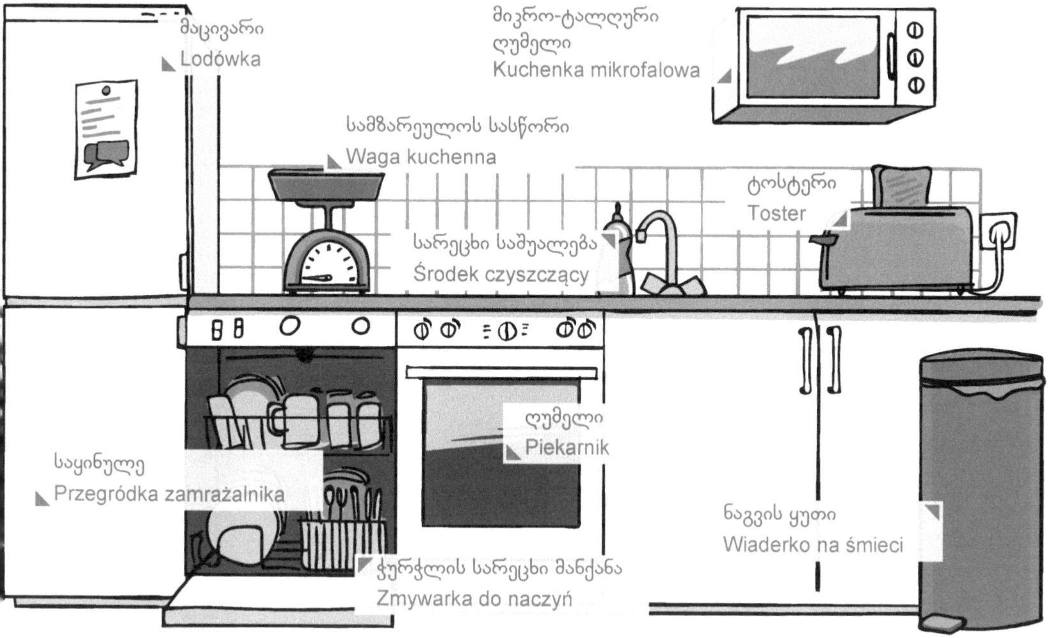

გაზქურა

Kuchenka

ქოთანი

Garnek

თუჯის ქვაბი

Kocioł żeliwny

ტაფა ამობერილი ფსკერით

Wok / Kadai

ტაფა

Patelnia

ჩაიდანი

Czajnik

სამზარეულო - Kuchnia 35

ორთქლსახარში

Parowar

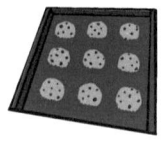

საცხობი ლანგარი

Blacha do pieczenia

ჭურჭელი

Naczynia kuchenne

კათხა

Kubek

თასი

Miska

ჩინური ჩხირები

Pałeczki

ჩამჩა

Nabierka

ფითხი

Łopatka do smażenia

სათქვეფელა

Trzepaczka do śmietany

საწური

Cedzak

საცერი

Sitko

სახეხი

Tarka

სანაყი

Moździerz

გრილი

Grillowanie

კოცონი

Palenisko

დაფა

....

Deska

საგორავი

....

Wałek do ciasta

ბურღი

....

Korkociąg

ქილა

....

Puszka

ქილის გასახსნელი

....

Otwieracz do puszek

ქოთნის დამჭერი

....

Ściereczka do trzymania garnka

ნიჟარა

....

Umywalka

ფუნჯი

....

Szczotka

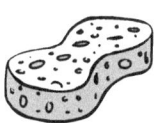

ღრუბელი

....

Gąbka

ბლენდერი

....

Mikser

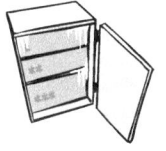

საყინულე კამერა

....

Zamrażarka

საბავშვო ბოთლი

....

Butelka dla niemowlęcia

ონკანი

....

Kran

აბაზანა
Łazienka

გათბობა
Ogrzewanie
შხაპი
Prysznic
პირსახოცი
Ręcznik
საშხაპე ფარდა
Kotara prysznicowa
ღრუბლიანი აბანო
Płyn do kąpieli
ვანა
Wanna kąpielowa
ჭიქა
Szklanka
სარეცხი მანქანა
Pralka
ონკანი
Kran
ფილები
Kafelki
ღამის ქოთანი
Nocnik
ნიჟარა
Umywalka

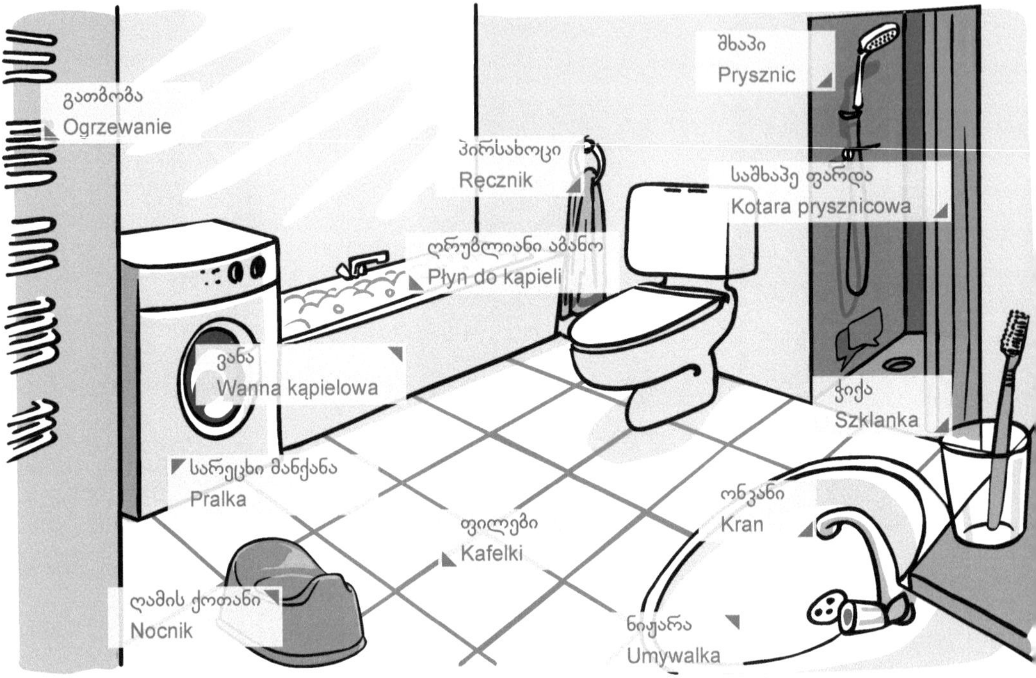

ტუალეტი

Toaleta

იატაკის ტუალეტი

Toaleta kuczna

ბიდე

Bidet

კედლის პისუარი

Pisuar

ტუალეტის ქაღალდი

Papier toaletowy

ტუალეტის ჯაგრისი

Szczotka toaletowa

კბილის ჯაგრისი

Szczoteczka do zębów

კბილის პასტა

Pasta do zębów

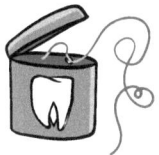

კბილის ძაფი

Nitki do czyszczenia zębów

რეცხვა

myć

ხელის შხაპი

Głowica prysznicowa

ინტიმური შხაპი

Płyn kąpielowy do higieny intymnej

ტაშტი

Miska do mycia

ზურგის სახეხი ფუნჯი

Szczotka kąpielowa

საპონი

Mydło

შხაპის გელი

Żel prysznicowy

შამპუნი

Szampon

ნეჭა

Rękawica kąpielowa

სანიაღვრე

Odpływ

კრემი

Krem

დეოდორანტი

Dezodorant

სარკე

Lustro

ხელის სარკე

Lustro kosmetyczne

გრიტვა

Golarka

საპარსი ქაფი

Pianka do golenia

საშუალება გაპარსვის შემდეგ

Woda po goleniu

სავარცხელი

Grzebień

ჯაგრისი

Szczotka

თმის საშრობი

Suszarka do włosów

თმის ლაქი

Spray do włosów

კოსმეტიკა

Makijaż

ტუჩების პომადა

Pomadka

ფრჩხილის ლაქი

Lakier do paznokci

ბამბა

Wata

ფრჩხილის მაკრატელი

Nożyczki do paznokci

სუნამო

Perfum

კოსმეტიკის ჩანთა

Kosmetyczka

ტაბურეტი

Taboret

სასწორი

Waga

სააბაზანო ხალათი

Szlafrok kąpielowy

რეზინის ხელთათმანები

Rękawice gumowe

ტამპონი

Tampon

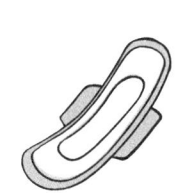

სანიტარული პირსახოცი

Podpaska damska

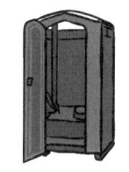

ბიო-ტუალეტი

Toaleta chemiczna

საბავშვო ოთახი
Pokój dziecięcy

მაღვიძარა
Budzik
რბილი სათამაშო
Pluszowa przytulanka
სათამაშო მანქანა
Samochodzik
ჩხარუნა სათამაშო
Grzechotka
თოჯინების სახლი
Domek dla lalek
საჩუქარი
Prezent

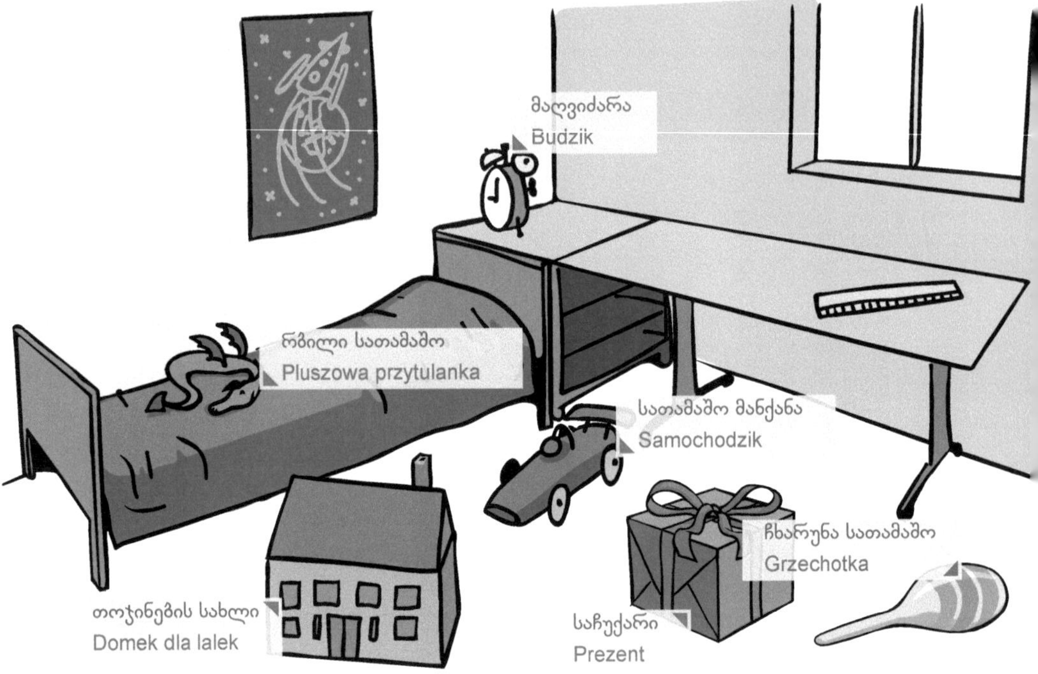

ბუშტი

Balon

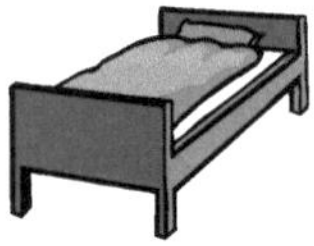

ლოგინი

Łóżko

საბავშვო ეტლი

Wózek dziecięcy

კარტის თამაში

Gra w karty

პაზლი

Puzzle

კომიკსი

Komiks

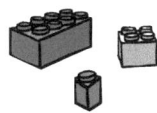

ლეგოს აგურები

Klocki lego

ასაშენებელი კუბიკები

Klocki

სათამაშო ფიგურა

Action figura

საცოცავი

Śpioszek dziecięcy

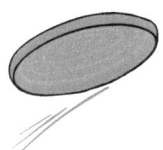

ფრისბი

Frisbee

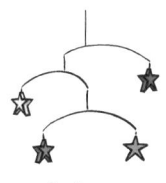

მობილე

Zabawki ruchome

სამაგიდო თამაში

Gra planszowa

კამათელი

Kości

რკინიგზის მოდელი

Kolejka elektryczna

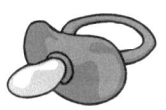

საწოვარა

Smoczek

წვეულება

Przyjęcie

წიგნი ნახატებით

Książka z ilustracjami

ბურთი

Piłka

თოჯინა

Lalka

თამაში

bawić się

საქვიშარი
Piaskownica

საქანელა
Huśtawka

სათამაშოები
Zabawki

ვიდეო თამაშის კონსოლი
Konsola do gier

სამთვლიანი ველოსიპედი
Rowerek trójkołowy

დათუნია
Pluszowy miś

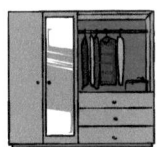

გარდერობი
Szafa ubraniowa

ტანსაცმელი
Ubiór

წინდები
Skarpety

ჩულქები
Pończochy

კოლგოტები
Rajstopy

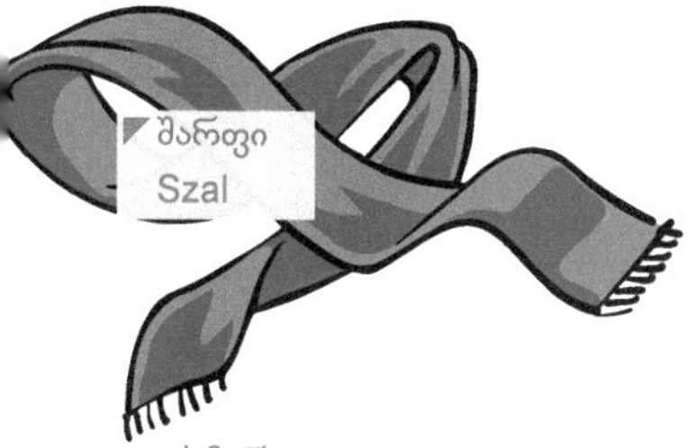

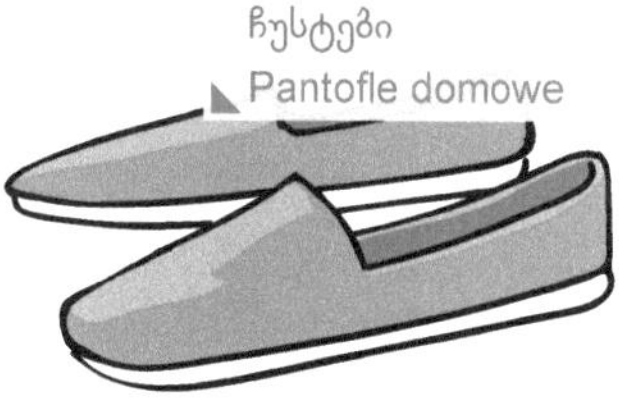

შარფი
Szal

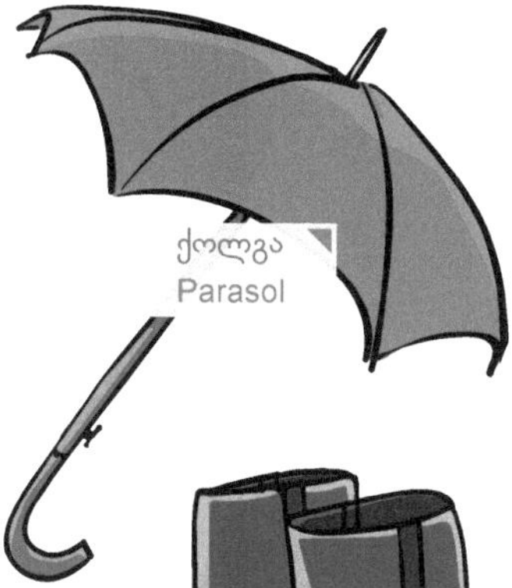

ქოლგა
Parasol

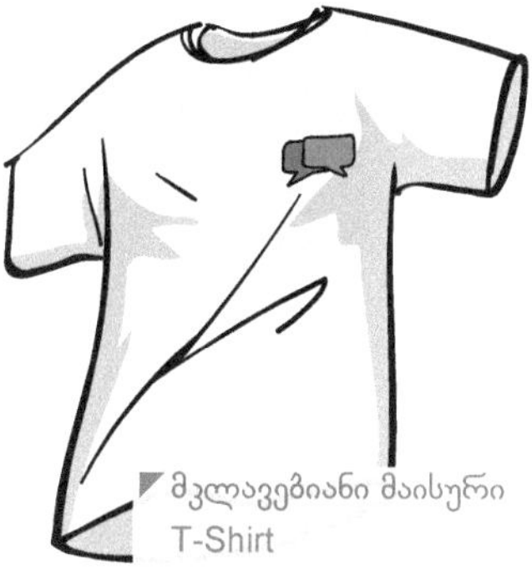

მკლავებიანი მაისური
T-Shirt

ქამარი
Pasek

ბოტასები
Obuwie sportowe

ფეხსაცმელი
Kozaki

ჩუსტები
Pantofle domowe

სანდლები

Sandały

ფეხსაცმელი

Buty

რეზინის ჩექმები

Kalosze

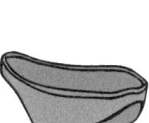

ტრუსები

Majtki

ბიუსჰალტერი

Biustonosz

მაისური

Podkoszulek

სხეული

Body

შარვალი

Spodnie

ჯინსი

Dżins

ქვედაკაბა

Spódnica

ბლუზი

Bluzka

პერანგი

Koszula

სვიტრი

Pulower

კაპიუშონიანი ჟაკეტი

Bluza sportowa

სპორტული ქურთუკი

Marynarka

ჟაკეტი

Kurtka

პალტო

Płaszcz

საწვიმარი

Płaszcz przeciwdeszczowy

კოსტუმი

Kostium

კაბა

Sukienka

საქორწილო კაბა

Suknia ślubna

კაცის კოსტიუმი

Garnitur męski

ღამის პერანგი

Koszula nocna

პიჟამოები

Piżama

სარი

Sari

თავშალი

Chusta na głowę

ტურბანი

Turban

ჩადრი

Burka

ხიფთანი

Kaftan

აბაია

Abaya

საცურაო კოსტუმი

Strój kąpielowy

ჩემოდნები

Kąpielówki

შორტები

Krótkie spodnie

სპორტული კოსტიუმი

Dres sportowy

წინსაფარი

Fartuch

ხელთათმანები

Rękawiczki

ღილი

Guzik

სათვალეები

Okulary

სამაჯური

Bransoletka

ყელსაბამი

Łańcuszek

ბეჭედი

Pierścionek

საყურე

Kolczyk

კეპი

Czapka

საკიდი

Wieszak

ქუდი

Kapelusz

ჰალსტუხი

Krawat

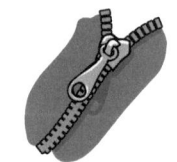

ელვა-შესაკრავის შეკვრა

Zamek błyskawiczny

ჩაფხუტი

Kask

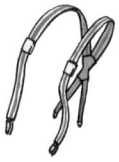

აჭიმი

Szelki

სკოლის ფორმა

Mundurek szkolny

ფორმა

Mundur

ბავშვის წინსაფარი

Śliniaczek

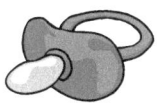

საწოვარა

Smoczek

პამპერსი

Pieluszka

ოფისი
Biuro

სერვერი
Serwer
საკანცელარიო კარადა
Szafa na akta
პრინტერი
Drukarka
ქაღალდი
Papier
მონიტორი
Monitor
მაგიდა
Biurko
თაგვი
Mysz
საქაღალდე
Segregator
კლავიატურა
Klawiatura
ლათა ნარჩენი ქაღალდებისათვის
sz na odpadki
სკამი
Krzesło
კომპიუტერი
Komputer

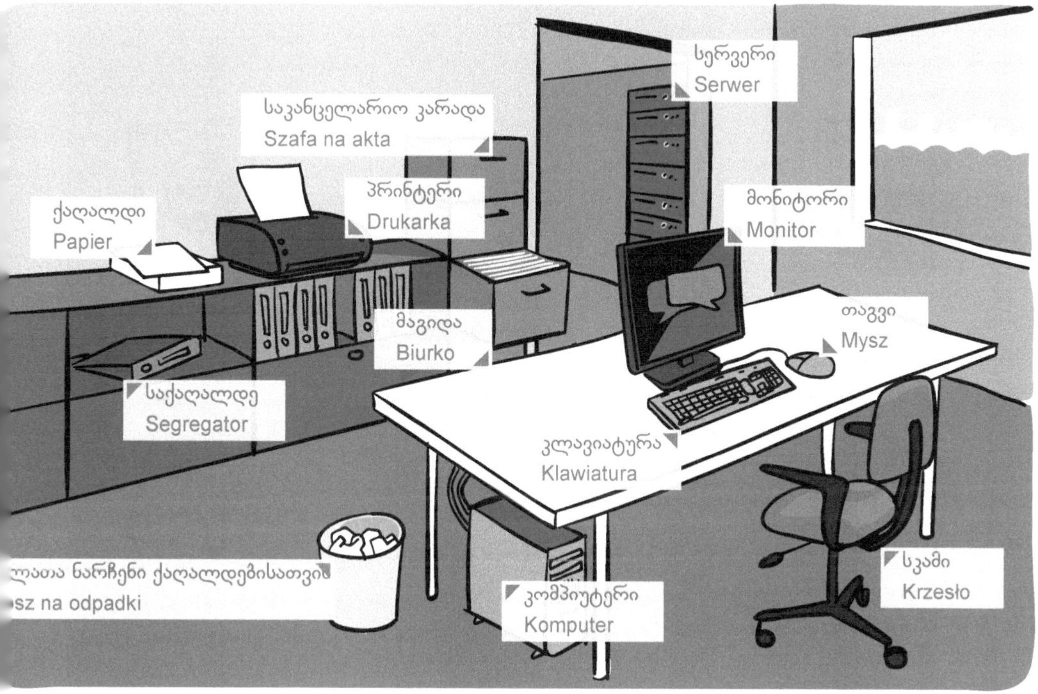

ყავის ფინჯანი

Filiżanka do kawy

კალკულატორი

Kalkulator

ინტერნეტი

Internet

ლეპტოპი

Laptop

წერილი

List

მესიჯი

Wiadomość

მობილური ტელეფონი

Komórka

ქსელი

Sieć

სკანერი

Kopiarka

პროგრამული უზრუნველყოფა

Oprogramowanie

ტელეფონი

Telefon

როზეტი

Gniazdko

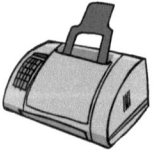

ფაქსის მანქანა

Faks

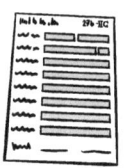

ფორმულარი

Formularz

დოკუმენტი

Dokument

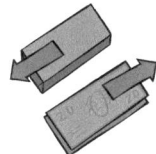

ყიდვა

kupić

გადახდა

płacić

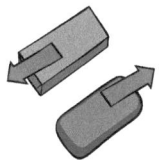

ვაჭრობა

postępować

ფული

Pieniądze

დოლარი

Dolar

ევრო

Euro

იენი

Jen

რუბლი

Rubel

შვეიცარული ფრანკი

Frank

ჟენმინბი იუანი

Juan Renminbi

რუპი

Rupia

ბანკომატი

Bankomat

ვალუტის გადაცვლის პუნქტი
Kantor wymiany walut

ოქრო
Złoto

ვერცხლი
Srebro

ნავთობი
Olej

ენერგია
Energia

ფასი
Cena

ხელშეკრულება
Umowa

გადასახადი
Podatek

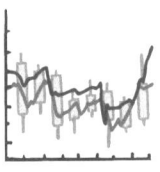

აქცია
Akcja

მუშაობა
pracować

თანამშრომელი
Pracownik umysłowy

დამსაქმებელი
Pracodawca

ქარხანა
Fabryka

მაღაზია
Sklep

პროფესიები

Zawody

მეხანძრე
Strażak
პოლიციის ოფიცერი
Policjant
მზარეული
Kucharz
ექიმი
Lekarz
მფრინავი
Pilot

მებაღე

Ogrodnik

დურგალი

Stolarz

თეთრეულის მკერავი ქალბატონი

Krawcowa

მოსამართლე

Sędzia

ქიმიკოსი

Chemik

მსახიობი

Aktor

ავტობუსის მძღოლი

Kierowca autobusu

ტაქსის მძღოლი

Taksówkarz

მეთევზე

Fischer

დამლაგებელი ქალბატონი

Sprzątaczka

სახურავის ოსტატი

Dekarz

მიმტანი

Kelner

მონადირე

Myśliwy

ფერმწერი

Malarz

მცხობელი

Piekarz

ელექტრიკოსი

Elektryk

მშენებელი

Robotnik budowlany

ინჟინერი

Inżynier

ყასაბი

Rzeźnik

სანტექნიკოსი

Instalator

ფოსტალიონი

Listonosz

ჯარისკაცი

Żołnierz

არქიტექტორი

Architekt

მოლარე

Kasjer

ფლორისტი

Florysta

პარიკმახერი

Fryzjer

კონდუქტორი

Konduktor

მექანიკოსი

Mechanik

კაპიტანი

Kapitan

სტომატოლოგი

Dentysta

მეცნიერი

Naukowiec

რაბინი

Rabin

იმამი

Imam

ბერი

Mnich

სასულიერო პირი

Proboszcz

იარაღები

Narzędzia

ჩაქუჩი
Młotek
ბრტყელტუჩა
Szczypce
სახრახნისი
Wkrętak
ქანჩის გასაღები
Klucz do śrub
ჯიბის სანათი
Latarka

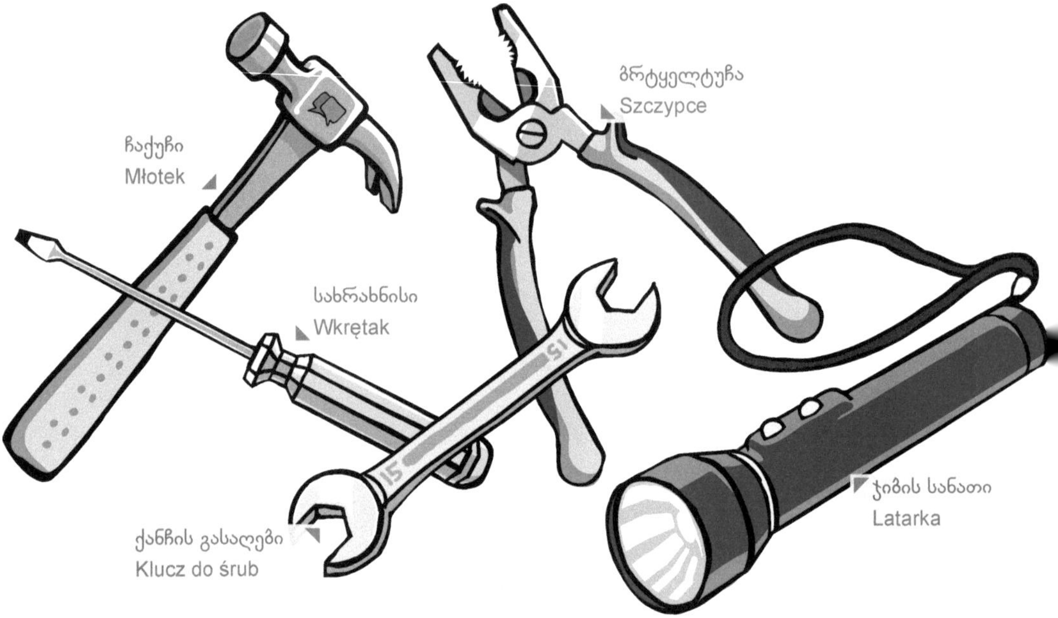

ექსკავატორი

Koparka

იარაღების ყუთი

Skrzynka narzędziowa

კიბე

Drabina

ხერხი

Piła

ლურსმები

Gwoździe

საბურღი

Wiertło

შეკეთება

naprawić

ნიჩაბი

Łopatka

ანდაბა!

Cholera!

აქანდაზი

Szufelka

საღებავის ქოთანი

Puszka z farbą

ხრახნები

Śruby

მუსიკალური ინსტრუმენტები
Instrumenty muzyczne

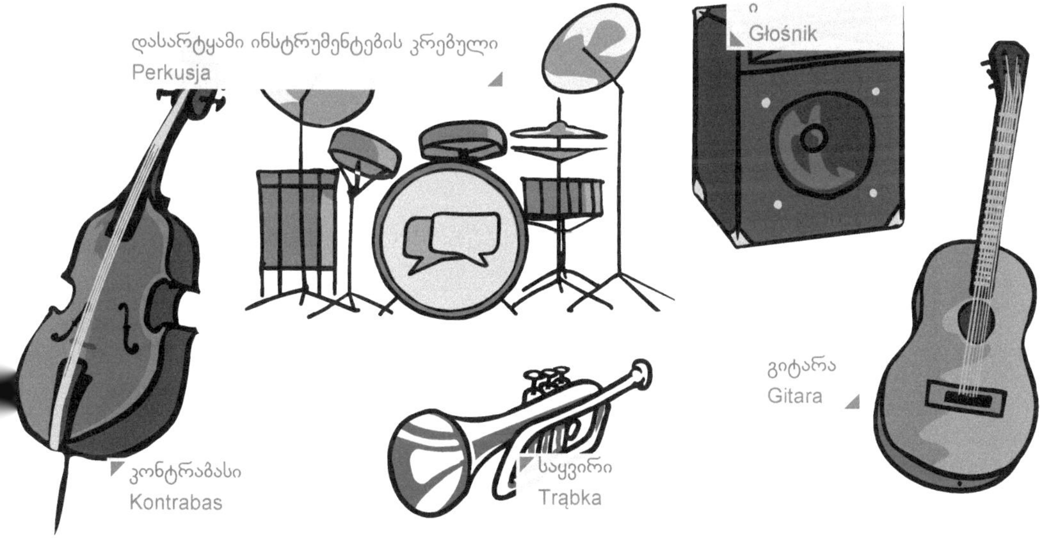

დასარტყამი ინსტრუმენტების კრებული
Perkusja

რეპროდუქტორი
Głośnik

გიტარა
Gitara

კონტრაბასი
Kontrabas

საყვირი
Trąbka

ფორტეპიანო

Pianino

ვიოლინო

Skrzypce

ბასი

Bas

ტიმპანონი

Kotły

დასარტყამები

Bęben

კლავიშები

Keyboard

საქსოფონი

Saksofon

ფლეიტა

Flet

მიკროფონი

Mikrofon

ზოოპარკი

Zoo

ვეფხვი
Tygrys
შესასვლელი
Wejście
გალია
Klatka
ზებრა
Zebra
ცხოველთა საკვები
Pasza
პანდა
Panda

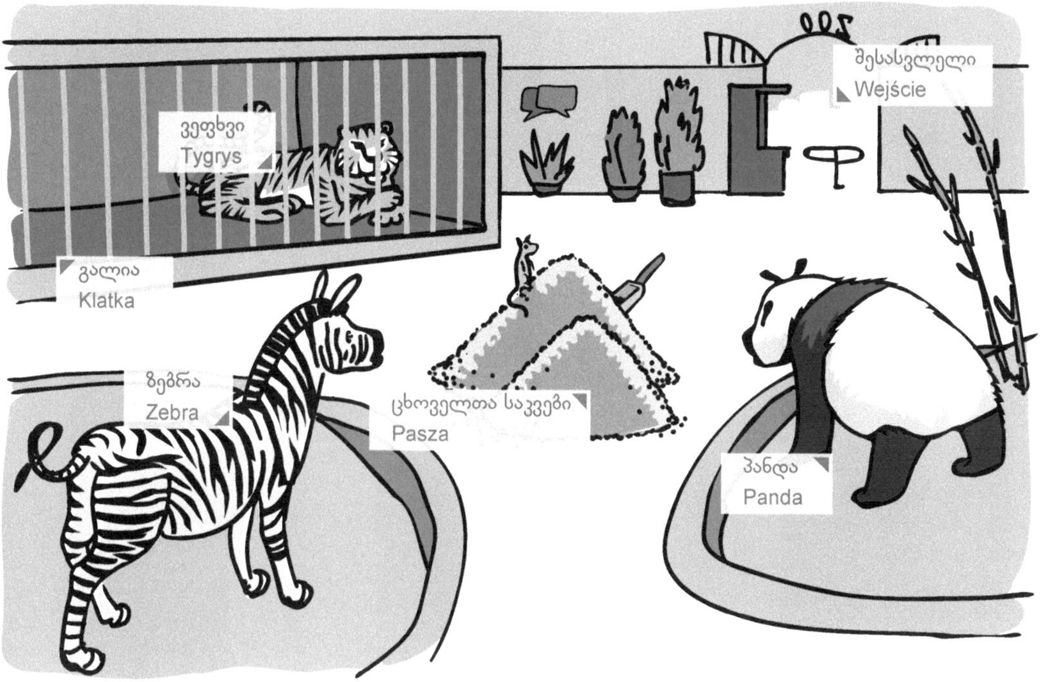

ცხოველები

Zwierzęta

სპილო

Słoń

კენგურუ

Kangur

მარტორქა

Nosorożec

გორილა

Goryl

დათვი

Niedźwiedź

აქლემი

Wielbłąd

სირაქლემა

Struś

ლომი

Lew

მაიმუნი

Małpa

ფლამინგო

Fleming

თუთიყუში

Papuga

პოლარული დათვი

Niedźwiedź polarny

პინგვინი

Pingwin

ზვიგენი

Rekin

ფარშევანგი

Paw

გველი

Wąż

ნიანგი

Krokodyl

ზოოპარკის მფლობელი

Dozorca w zoo

სელაპი

Foka

იაგუარი

Jaguar

პონი

Kucyk

ლეოპარდი

Gepard

ბეჰემოტი

Hipopotam

ჟირაფი

Żyrafa

არწივი

Orzeł

ტახი

Dzik

თევზი

Ryba

კუ

Żółw

მორჟი

Mors

მელა

Lis

გაზელი

Gazela

სპორტი
Sport

ამერიკული ფეხბურთი
Futbol amerykański
ველოსპორტი
Kolarstwo
ჩოგბურთი
Tenis
კალათბურთი
Koszykówka
ცურვა
Pływanie
ყინულის ჰოკეი
Hokej na lodzie
კრივი
Boks

ფეხბურთი

Piłka nożna

ბადმინტონი

Badminton

მძლეოსნობა

Lekka atletyka

ხელბურთი

Piłka ręczna

სათხილამურო სპორტი

Narciarstwo

წყლის პოლო

Polo

მოქმედებები
Działania

გადახტომა
skakać
ჩახუტება
objąć
დაცინვა
śmiać się
iść
სიმღერა
śpiewać
ოცნებობა
marzyć
ლოცვა
modlić się
კოცნა
całować

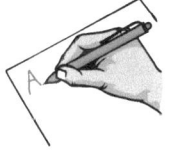

წერა
....
pisać

დახატვა
....
rysować

ჩვენება
....
pokazywać

დაჭერა
....
nacisnąć

მიცემა
....
dać

აღება
....
wziąć

ქონა

mieć

კეთება

robić

ყოფნა

być

დგომა

stać

გარბენა

biegać

მოქაჩვა

ciągnąć

გადაყრა

rzucać

დაცემა

spaść

ტყუილის თქმა

leżeć

მოცდენა

czekać

ტარება

nosić

ჯდომა

siedzieć

ჩაცმა

zakładać

ძილი

spać

გაღვიძება

budzić się

დათვალიერება

spojrzeć

ტირილი

płakać

გაუთოება

głaskać

დავარცხნა

czesać się

ლაპარაკი

mówić

გაგება

rozumieć

შეკითხვა

pytać

მოსმენა

słyszeć

დალევა

pić

ჭამა

jeść

დალაგება

sprzątać

ყვარება

kochać

კერძების მზადება

gotować

სვლა

jechać

ფრენა

latać

აფრის ქვეშ სიარული

żeglować

გამოთვლა

liczyć

წაკითხვა

czytać

შესწავლა

uczyć się

მუშაობა

pracować

ქორწინება

wejść w związek małżeński

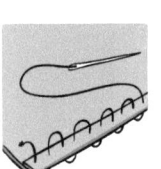

კერვა

szyć

კბილების ხეხვა

myć zęby

მოკვლა

zabić

მოწევა

palić tytoń

გაგზავნა

wysłać

ოჯახი

Rodzina

ბებია
Babcia
ბაბუა
Dziadek
მამა
Ojciec
დედა
Matka
ბავშვი
Niemowlę
ქალიშვილი
Córka
ვაჟიშვილი
Syn

სტუმარი

Gość

დეიდა

Ciotka

ბიძა

Wujek

ძმა

Brat

და

Siostra

სხეული
Ciało

შუბლი
Czoło
თვალი
Oko
სახე
Twarz
ნიკაპი
Broda
თითი
Palec
ხელი
Ręka
მკერდი
Pierś
მკლავი
Ramię
მხარი
Ramię
ფეხი
Noga

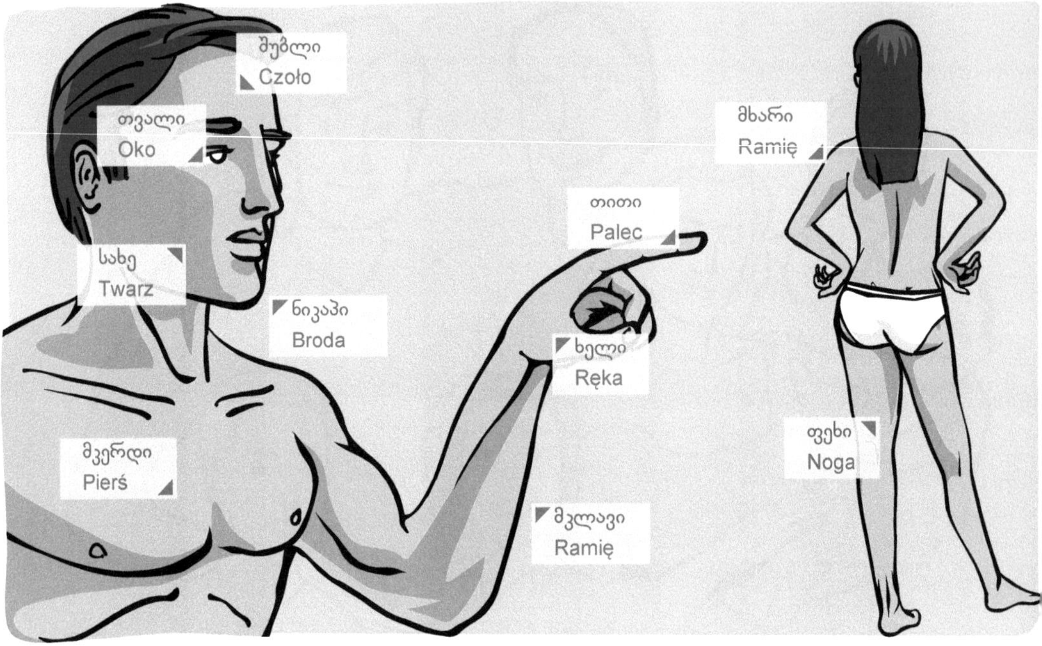

ბავშვი

Niemowlę

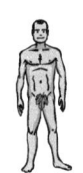

კაცი

Mężczyzna

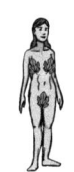

ქალი

Kobieta

გოგო

Dziewczyna

ბიჭი

Chłopiec

თავი

Głowa

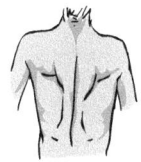

ზურგი

Plecy

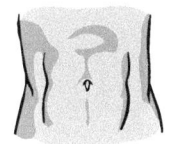

მუცელი

Brzuch

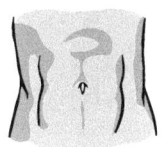

ჭიპი

Pępek

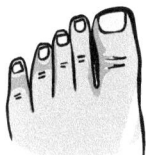

ფეხის თითი

palec nogi

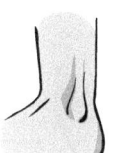

ქუსლი

Pięta

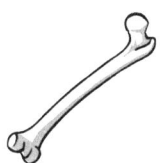

ძვალი

Kość

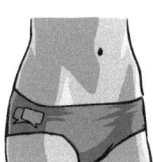

ბარძაყი

Biodro

მუხლი

Kolano

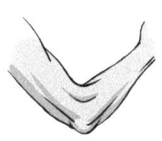

იდაყვი

Łokieć

ცხვირი

Nos

დუნდულა

Pośladki

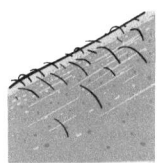

კანი

Skóra

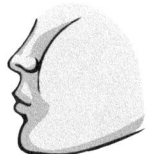

ლოყა

Policzek

ყური

Uszy

ტუჩი

Warga

პირი

Usta

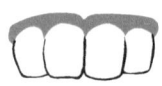

კბილი

Ząb

ენა

Język

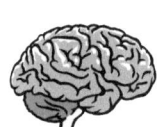

ტვინი

Mózg

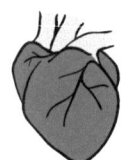

გული

Serce

კუნთი

Mięsień

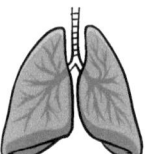

ფილტვი

Płuca

ღვიძლი

Wątroba

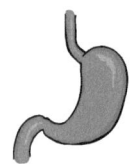

კუჭი

Żołądek

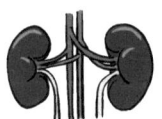

თირკმელები

Nerki

სექსი

Stosunek płciowy

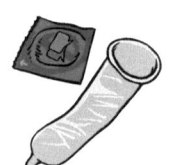

პრეზერვატივი

Kondom

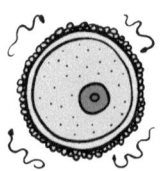

კვერცხუჯრედი

Komórka jajowa

სპერმა

Sperma

ორსულობა

Ciąża

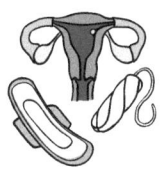

მენსტრუაცია

Menstruacja

საშო

Wagina

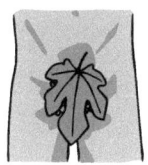

პენისი

Penis

წარბი

Brew

თმა

Włosy

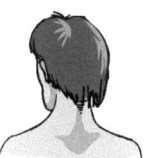

კისერი

Szyja

საავადმყოფო
Szpital

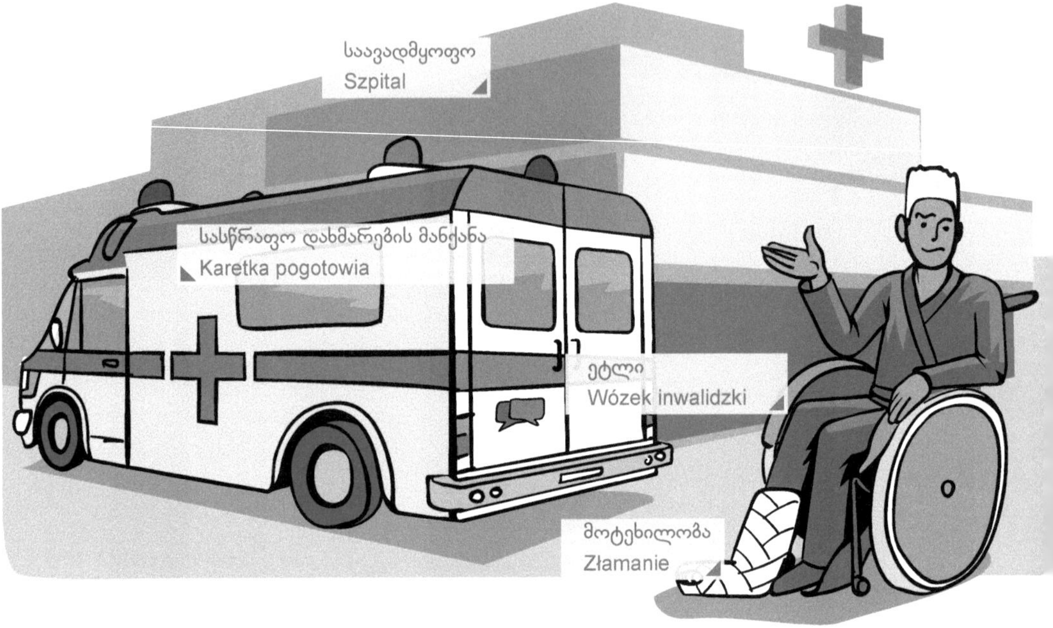

საავადმყოფო
Szpital
სასწრაფო დახმარების მანქანა
Karetka pogotowia
ეტლი
Wózek inwalidzki
მოტეხილობა
Złamanie

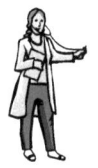

ექიმი

Lekarz

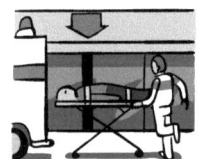

პირველი დახმარების ოთახი

Izba przyjęć

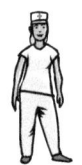

მედდა

Pielęgniarka

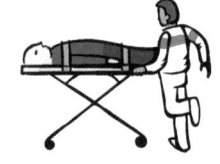

გადაუდებელი შემთხვევა

Nagły przypadek

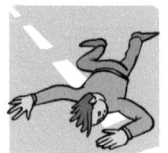

უგონოდ მყოფი

nieprzytomny

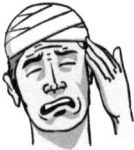

ტკივილი

Ból

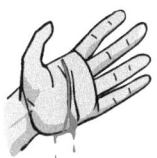

დაზიანება

Skaleczenie

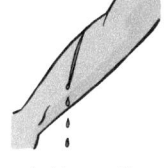

სისხლდენა

Krwawienie

გულის შეტევა

Zawał serca

ინსულტი

Udar mózgu

ალერგია

Alergia

ხველა

Kaszleć

ცხელება

Gorączka

გრიპი

Grypa

დიარეა

Biegunka

თავის ტკივილი

Ból głowy

კიბო

Rak

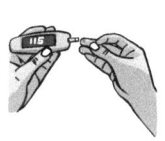

დიაბეტი

Cukrzyca

ქირურგი

Chirurg

სკალპელი

Skalpel

ოპერაცია

Operacja

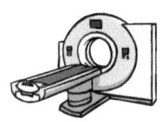

კტ

CT

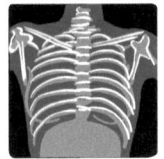

რენტგენი

Rentgen

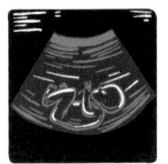

ულტრაბგერა

Ultradźwięki

ნიღაბი

Maska

დაავადება

Choroba

მოსაცდელი ოთახი

Poczekalnia

ყავარჯენი

Kula

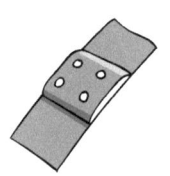

თაბაშირი

Plaster

ბინტი

Opatrunek

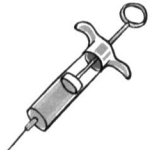

ინექცია

Iniekcja

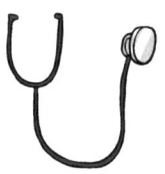

სტეტოსკოპი

Stetoskop

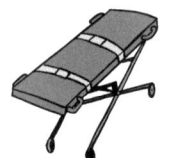

საკაცე

Nosze

თერმომეტრი

Termometr

დაბადება

Poród

ჭარბი წონა

Nadwaga

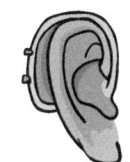

სმენის აპარატი

Aparat słuchowy

სადეზინფექციო საშუალება

Środek dezynfekcyjny

ინფექცია

Infekcja

ვირუსი

Wirus

აივ / შიდსი

HIV / AIDS

წამალი

Medycyna

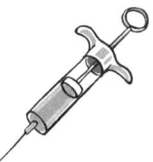

ვაქცინაცია

Szczepienie

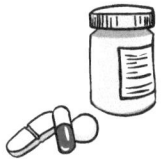

ტაბლეტები

Tabletki

აბი

Pigułka

გადაუდებელი გამოძახება

Telefon ratunkowy

წნევის საზომი აპარატი

Ciśnieniomierz krwi

ავადმყოფი / ჯანმრთელი

chory / zdrowy

გადაუდებელი შემთხვევა

Nagły przypadek

დამეხმარეთ!

Pomocy!

განგაში

Alarm

თავდასხმა

Napad

შეტევა

Atak

საფრთხე

Niebezpieczeństwo

სათადარიგო გასასვლელი

Wyjście awaryjne

ხანძარი!

Pożar!

ცეცხლსაქრობი

Gaśnica

უბედური შემთხვევა

Wypadek

პირველადი დახმარების აფთიაქი

Walizeczka pierwszej pomocy

SOS

SOS

პოლიცია

Policja

ევროპა

Europa

ჩრდილოეთ ამერიკა

Ameryka Północna

სამხრეთ ამერიკა

Ameryka Południowa

აფრიკა

Afryka

აზია

Azja

ავსტრალია

Australia

ატლანტიკა

Atlantyk

წყნარი ოკეანე

Pacyfik

ინდოეთის ოკეანე

Ocean Indyjski

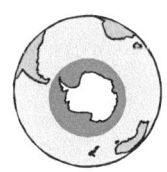

ანტარქტიკის ოკეანე

Ocean Antarktyczny

ჩრდილოეთის ყინულოვანი
ოკეანე

Ocean Arktyczny

ჩრდილოეთ პოლუსი

Biegun północny

სამხრეთ პოლუსი

Biegun południowy

ანტარქტიდა

Antarktyda

დედამიწა

Ziemia

ხმელეთი

Kraj

ზღვა

Morze

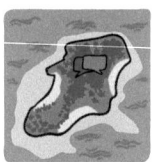

კუნძული

Wyspa

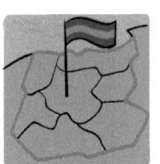

ერი

Naród

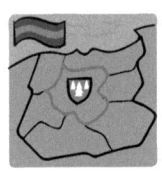

სახელმწიფო

Państwo

საათი

Zegar

ციფერბლატი

Cyferblat

საათების ისარი

Wskazówka godzinowa

წუთების ისარი

Wskazówka minutowa

წამების ისარი

Wskazówka sekundowa

რომელი საათია?

Która godzina?

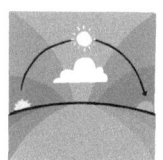

დღე

Dzień

დრო

Czas

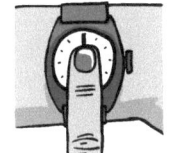

ახლა

teraz

ციფრული საათი

Zegarek digitalny

წუთი

Minuta

საათი

Godzina

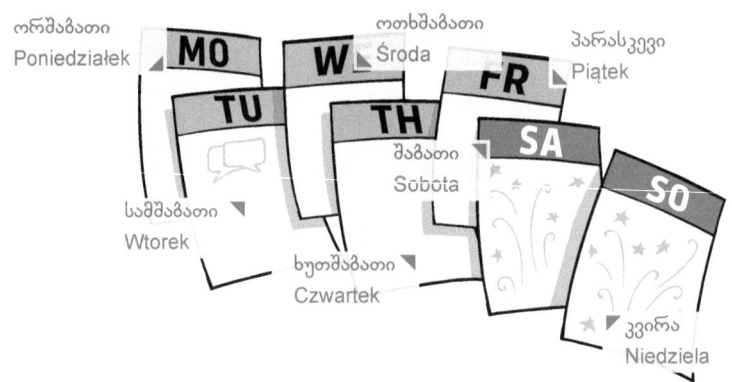

ორშაბათი
Poniedziałek

ოთხშაბათი
Środa

პარასკევი
Piątek

სამშაბათი
Wtorek

ხუთშაბათი
Czwartek

შაბათი
Sobota

კვირა
Niedziela

გუშინ
wczoraj

დღეს
dzisiaj

ხვალ
jutro

დილა
Rano

შუადღე
Południe

საღამო
Wieczór

MO	TU	WE	TH	FR	SA	SU
1	2	3	4	5	6	7
8	9	10	11	12	13	14
15	16	17	18	19	20	21
22	23	24	25	26	27	28
29	30	31	1	2	3	4

სამუშაო დღეები
Dni robocze

MO	TU	WE	TH	FR	SA	SU
1	2	3	4	5	6	7
8	9	10	11	12	13	14
15	16	17	18	19	20	21
22	23	24	25	26	27	28
29	30	31	1	2	3	4

შაბათი-კვირა
Weekend

წელი
Rok

წვიმა
Deszcz
ცისარტყელა
Tęcza
თოვლი
Śnieg
ქარი
Wiatr
გაზაფხული
Wiosna
შემოდგომა
Jesień
ზაფხული
Lato
ზამთარი
Zima

4.APRIL 11°
5.APRIL 4°
6.APRIL 13°
7.APRIL 8°
8.APRIL 10°

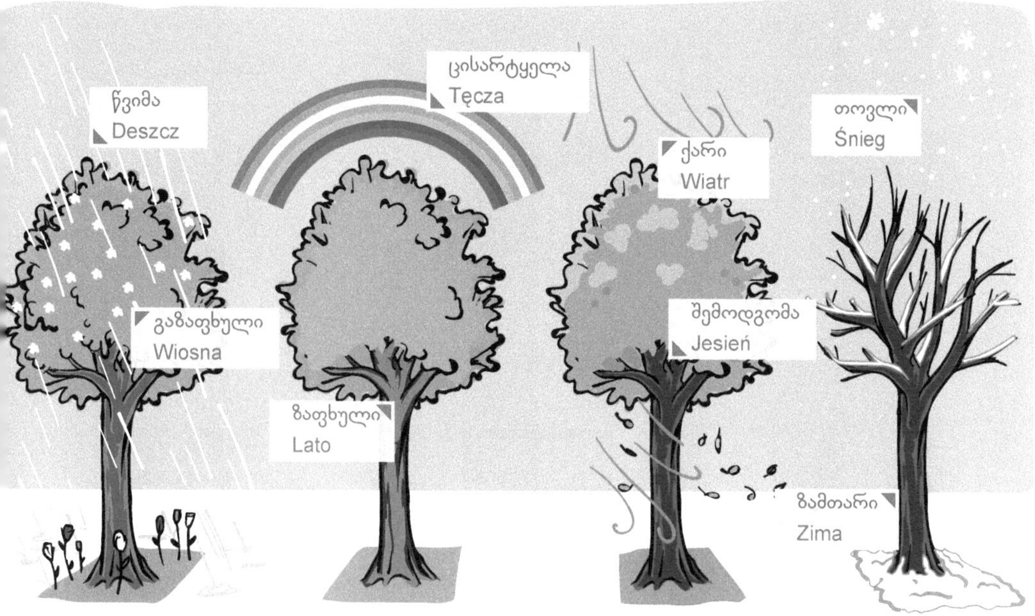

ამინდის პროგნოზი

Prognoza pogody

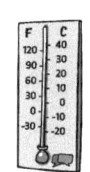

C
0
10
0
-10

თერმომეტრი

Termometr

მზის სხივი

Światło słoneczne

ღრუბელი

Chmura

ნისლი

Mgła

ტენიანობა

Wilgotność powietrza

ელვა

Błyskawica

ქუხილი

Grzmot

შტორმი

Sztorm

სეტყვა

Grad

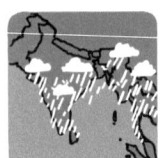

მუსონი

Monsun

წყალდიდობა

Potop

ყინული

Lód

იანვარი

Styczeń

თებერვალი

Luty

მარტი

Marzec

აპრილი

Kwiecień

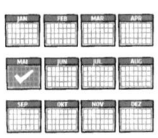

მაისი

Maj

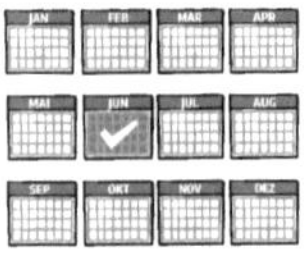

ივნისი

Czerwiec

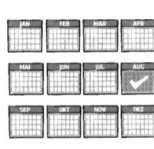

ივლისი

Lipiec

აგვისტო

Sierpień

სექტემბერი
....
Wrzesień

ოქტომბერი
....
Październik

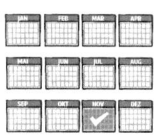

ნოემბერი
....
Listopad

დეკემბერი
....
Grudzień

ფორმები
Kształty

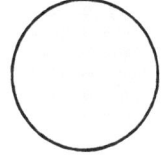

წრე
....
Koło

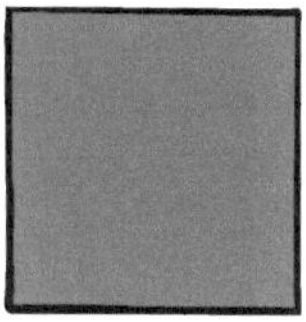

კვადრატი
....
Kwadrat

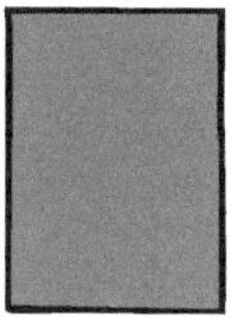

მართკუთხედი
....
Prostokąt

სამკუთხედი
....
Trójkąt

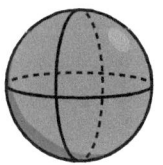

სფერო
....
Kula

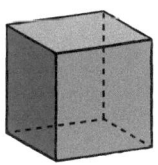

კუბი
....
Sześcian

ფერები
Kolory

თეთრი

biały

ყვითელი

żółty

ნარინჯისფერი

pomarańczowy

ვარდისფერი

różowy

წითელი

czerwony

იისფერი

liliowy

ცისფერი

niebieski

მწვანე

zielony

ყავისფერი

brązowy

ნაცრისფერი

szary

შავი

czarny

საპირისპიროები

Przeciwieństwa

ბევრი / ცოტა

dużo / mało

გაბრაზებული / მშვიდი

wściekły / spokojny

ლამაზი / მახინჯი

piękny / brzydki

დასაწყისი / დასასრული

początek / koniec

დიდი / პატარა

duży / mały

ნათელი / მუქი

jasny / ciemny

ძმა / და

brat / siostra

სუფთა / ჭუჭყიანი

czysty / brudny

სრული / არასრული

kompletny / niekompletny

დღე / ღამე

dzień / noc

მკვდარი / ცოცხალი

umarły / żywy

განიერი / ვიწრო

szeroki / wąski

საჭმელად ვარგისი / საჭმელად უვარგისი

jadalny / niejadalny

ბოროტი / კეთილი

zły / uprzejmy

შთამბეჭდავი / მოსაწყენი

podniecony / znudzony

სქელი / თხელი

gruby / chudy

პირველი / ბოლო

najpierw / na końcu

მეგობარი / მტერი

przyjaciel / wróg

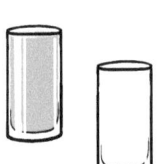

სრული / ცარიელი

pełen / pusty

მყარი / რბილი

twardy / miękki

მძიმე / მსუბუქი

ciężki / lekki

მოშიებული / მწყურვალე

głód / pragnienie

ავადმყოფი / ჯანმრთელი

chory / zdrowy

არალეგალური / ლეგალური

nielegalny / legalny

ინტელექტუალი / სულელი

inteligentny / głupi

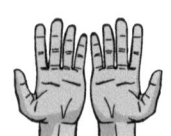

მარცხენა / მარჯვენა

lewo / prawo

ახლოს / შორს

bliski / daleki

ახალი / გამოყენებული

nowy / używany

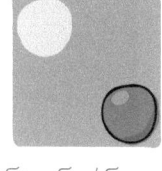

არაფერი / რაღაცა

nic / coś

მოხუცი / ახალგაზრდა

stary / młody

ჩართვა / გამორთვა

włącz / wyłącz

ღია / დახურული

otwarty / zamknięty

ჩუმი / ხმამაღალი

cichy / głośny

მდიდარი / ღარიბი

bogaty / biedny

მართალი / მტყვანი

prawidłowy / błędny

უხეში / გლუვი

chropowaty / gładki

სევდიანი / ბედნიერი

smutny / szczęśliwy

მოკლე / გრძელი

krótki / długi

ნელი / სწრაფი

powolny / szybki

სველი / მშრალი

mokry/suchy

თბილი / გრილი

ciepły / chłodny

ომი / მშვიდობა

wojna / pokój

რიცხვები
Liczby

0

ნული

zero

1

ერთი

jeden

2

ორი

dwa

3

სამი

trzy

4

ოთხი

cztery

5

ხუთი

pięć

6

ექვსი

sześć

7

შვიდი

siedem

8

რვა

osiem

9

ცხრა

dziewięć

10

ათი

dziesięć

11

თერთმეტი

jedenaście

12
თორმეტი
dwanaście

13
ცამეტი
trzynaście

14
თოთხმეტი
czternaście

15
თხუთმეტი
piętnaście

16
თექვსმეტი
szesnaście

17
ჩვიდმეტი
siedemnaście

18
თვრამეტი
osiemnaście

19
ცხრამეტი
dziewiętnaście

20
ოცი
dwadzieścia

100
ასი
sto

1.000
ათასი
tysiąc

1.000.000
მილიონი
milion

ენები
Języki

ინგლისური

Angielski

ამერიკული ინგლისური

Angielski amerykański

ჩინური მანდარინი

Chiński mandaryński

ჰინდი

Hindi

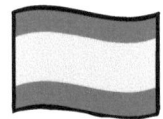

ესპანური

Hiszpański

ფრანგული

Francuski

არაბული

Arabski

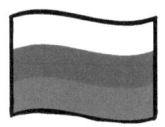

რუსული

Rosyjski

პორტუგალიური

Portugalski

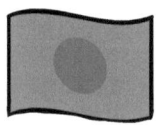

ბენგალური

Bengalski

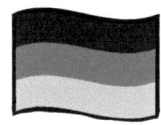

გერმანული

Niemiecki

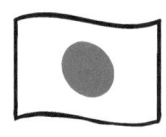

იაპონური

Japoński

ვინ / რა / როგორ

kto / co / jak

მე

ja

შენ

ty

ის / ის / იგი

on / ona / ono

ჩვენ

my

თქვენ

wy

ისინი

oni

ვინ?

kto?

რა?

co?

როგორ?

jak?

სად?

gdzie?

როდის?

kiedy?

სახელი

Nazwisko

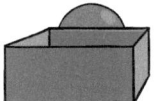

სად

gdzie

უკან

za

შიგნით

w

წინ

przed

ზედ

powyżej

=-ზე

na

ქვეშ

pod

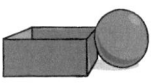

გვერდით

obok

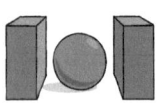

შორის

między

ადგილი

Miejsce